Ein LITTLE MOOSE und WOLFIE Buch

ACHTSAMKEIT für WIKINGER

Leo Hartas
&
Amanda Boulter

Ins Deutsche übertragen von
Ralf Teubert

Der faerhaven Verlag
www.faerhavenpress.com

Die englische Originalausgabe erschien unter
dem Titel 'Mindfulness for Vikings' bei
faerhaven Press 2017

Weitere 'Little Moose' Bücher und
Geschichten findet man bei
www.littlemoosestory.com

Konzept und Text von Leo und Amanda
Zeichnungen von Leo
Gestaltung in 'Serif Page Plus' von Leo und Amanda
Schriftentwurf 'Little Moose' von Leo

Ein LITTLE MOOSE und WOLFIE Buch

ACHTSAMKEIT für WIKINGER

Leo Hartas
&
Amanda Boulter

Ins Deutsche übertragen von
Ralf Teubert

FAERHAVEN VERLAG

für
Lucy
Dirk
Ellen
Felix

Ein besonderes Danke für
Ulli & Luise Hempel

„Ich glaube, der wahre Sinn des
Lebens ist: glücklich zu sein."
Dalai Lama XIV

Wikinger zu sein, kann hart sein.

Immer kämpfen und die Axt herumwirbeln, wirkt verheerend auf den inneren Frieden.

Und dann kann Achtsamkeit wirklich hilfreich sein.

Einmal tief Luft holen, macht schon einen riesigen Unterschied und hilft uns, entspannt weiterzumachen.

Little Moose und Wolfie leben im Jetzt, sich selbst verwirklichen und die Freuden der Natur und des Lebens genießen.

Sie nennen das 'moosing',- Selbstsein.

Wir nennen das

Achtsamkeit für Wikinger.

Einfach so

Moosing, - Selbstsein

Die Füße auf dem Boden,
den Kopf in den Wolken

Selbst die kleinsten Momente
sind große Momente

Es ist keine Arbeit,
wenn es Spass macht

Es lebe die Unordnung

Man braucht Überwindung, die langweiligen Dinge zu erledigen

Mach' mal Pause

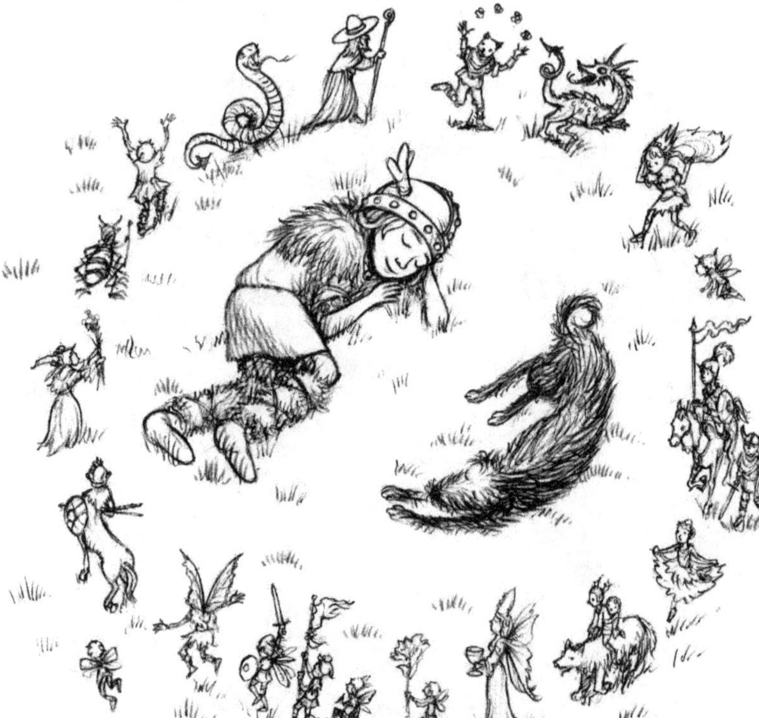

Die Welt ist voller Wunder

Alles ist so riesig und wunderbar

Keine Schlacht wurde
je im Schlaf gewonnen

Na, denn

Heute ist Faulenzertag

Sich treiben lassen

Manchmal muss man einfach
mal alles loslassen

Spüre die Aufregung

Man lebt oder ...
man LEBT!

Das Gleichgewicht finden

Das Rumnörgeln ist der schwerste Teil

Mein Zuhause ist hier
auf der Erde

Pflanze einen einzigen Samen und
ein grosser Wald wird wachsen

Teile die Liebe

Pflücke immer den
einfachsten zuerst

Tief Luft holen!

Alles ist gut

Wo immer ich bin,
ich bin genau hier

Mit den Wölfen heulen

Keine Last ist je zu schwer
für einen freund

Langsam und stetig
gewinnt man das Rennen

Ich bin der Sturm!

Lache über die kleinen
Überraschungen des Lebens

Heute werde ich jeden Schritt genießen

Nasse füsse können Spass machen

Wer wagt, gewinnt

Mach' dein Meisterwerk

Springe ins Leben

Gib' nicht auf und du wirst deinen
funken spüren

Jeder liebt jemanden

Lasse kleine Ängste nicht grosse
Abenteuer verhindern

Ein kleiner Einblick in die Welt
von Little Moose und Wolfie

Passiere "the Dragon's Throat",
überquere "the Dark Water",
dort, unter der steilen Felswand,
am Ende der Welt,
findet ihr das Dorf Faerhaven.

Und dort,

Unter den wachsamen Augen von Odin,
lebt ein Junge namens Little Moose
(und sein Hund Wolfie)

Little Moose

Wolfie

Odin kennt ihre Zukunft.
Er kennt die vor ihnen liegenden Abenteuer.
Er weiß, dass sie Helden sein werden

Er weiß all dies aus altüberlieferten
Gesängen und Erzählungen.

faerhaven

FAERHAVEN
Over the Darkwater

DARKWATER

←The Dragon's Throat

FYLKEFJORD

Folge den Abenteuern von Little Moose als Baby bis hin zum jungen Erwachsenen.

Freue dich auf diese neue Serie. Sie erscheint Anfang 2018.

Ein LITTLE MOOSE und WOLFIE Buch

LITTLE MOOSE
liebt sein
NEUES HÜNDCHEN

Leo Hartas

Amanda Boulter

FAERHAVEN VERLAG

Spielerische Geschichten für Kleinkinder

Aufregende Abenteuer als Bilderbuch und als kurze Geschichten für Leseanfänger und fortgeschrittene Leser.

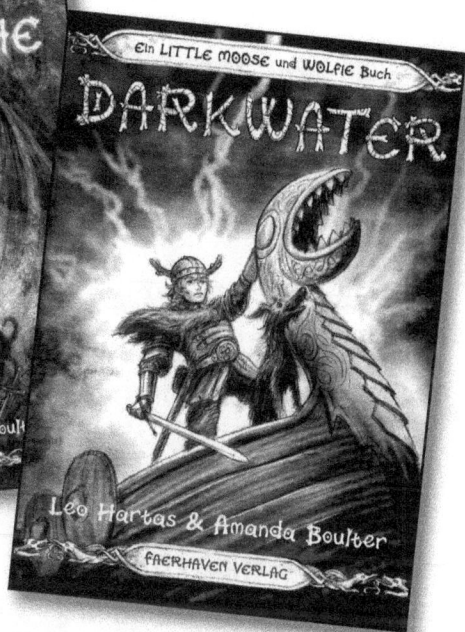

Spannende Abenteuer für Jugendliche und junge Erwachsene

NEU IM 2018
Ein Hundeführer über Drachen

Obwohl Hunde dem Ruf nach als dumm angesehen werden, ist es wenig bekannt, dass sie ausserordentlich viel über Drachen wissen.

Zusammen mit Wolfie und seinem Freund Little Moose, lerne mehr mit Hilfe des Hundeführers über diese faszinierenden Geschöpfe.

Ein Buch mit weisen Ratschlägen und herrlichen Zeichnungen. Es hilft dir die Drachen in deinem eigenen Leben zu entdecken.

Wenn ihr euch bei www.littlemoosestory.com anmeldet, bekommt ihr ein kostenfreies Drachengeschenk und die neuesten Nachrichten über den Erscheinungstermin von unserem 'Hundeführer über Drachen'.

A LITTLE MOOSE and WOLFIE Book

A DOG'S GUIDE to DRAGONS

Leo Hartas & Amanda Boulter

FAERHAVEN PRESS

Ein kleiner Lesevorgeschmack ...

Drachen gibt es überall.

Die meisten Menschen glauben das nicht.

Aber es stimmt!

Wolfie weiss alles über Drachen.

Little Moose weiss auch ein bisschen, aber nicht so viel wie Wolfie.

Selbst die besten Menschen sehen oft nicht was vor ihren Augen geschieht.

Wolfie sagt es gibt 5 verschiedene Arten
von Drachen.

Baumdrachen sind die Kleinsten.
Wasserdrachen sind mittelgross.
Und felsdrachen sind die Größten.

feuerdrachen gibt es in allen Größen
und sie stoßen von grösser Höhe herab.
Deshalb können selbst die Menschen die
feuerdrachen sehen.

Geisterdrachen gibt es auch in allen
Größen. Sie können so gross wie ein
Berg sein, oder so klein
wie ein Vogel.

Aber Menschen können
Geisterdrachen nur für
einen kleinsten Augenblick
erhaschen.

Pssst... Sei leise, nicht bewegen!

Moosing,- Selbstsein

Melde dich bei

www.littlemoosestory.com

an und erhalte deinen
kostenfreien Weihnachtsdrachen, zum
runterladen, drucken und basteln.

Leo Hartas illustriert Kinderbücher, Zeitschriften, Comics, und Spiele seit über 30 Jahren. Er findet seinen inneren Frieden, wenn er als Wikinger verkleidet, in Devon, England, durch Flur und Felder streift. Er wohnt in einer baufälligen Kate und hat eine weiße, flauschige Katze, die Dracula heißt.

Amanda Boulter hat viele Jahre nichtstuend, sitzend auf einem Kissen verbracht (meditierend, natürlich). Sie hat einen schwarz-weißen Hund namens Jess, der mit Vorliebe am Klavier rumknabbert, (aber es funktioniert noch!). Sie unterrichtet Kreatives Schreiben an der Universität Winchester, England.

Wir würden uns freuen von
euch zu hören. Meldet euch
mal und schickt uns eure
Meinung zum Buch